AF244691

RECHERCHES HISTORIQUES

SUR LES

ASSEMBLÉES NATIONALES

DITES

DU CHAMP DE MARS

ET

DU CHAMP DE MAI;

terminées par un Coup-d'œil sur les Parlemens de la troisième race des Rois de France, jusqu'à la première convocation des États-Généraux.

PRIX UN FRANC.

A PARIS,

Chez FAVRE, Libraire, Palais-Royal, Galerie vitrée, Nº. 231.

Avril 1815.

AVERTISSEMENT.

LE décret impérial qui convoque l'Assemblée
du Champ de Mai, nous a fait naître l'idée
de publier quelques recherches à ce sujet. Nous
avons pensé qu'elles pourraient être utiles, non-
seulement aux personnes qui seront appelées à
ces grands Comices, mais encore à cette nombreuse classe de lecteurs qui, s'occupant avec
un vif intérêt des affaires publiques , n'ont
point le loisir de consulter des ouvrages volu-
mineux , où d'ailleurs ils ne pourraient pui-
ser que des notions incomplettes. C'est un travail pénible que celui que nous avons entre-
pris ; il nous a fallu feuilleter un grand nombre d'historiens, dont la plupart ne parlent
qu'en passant de nos premières Assemblées
Nationales , sur - tout de celles du *Champ de
Mars* , sous les rois de la première race.
Après avoir rassemblé tous les faits, tous les
documens isolés que nous y avons trouvés ,
nous avons tâché de les lier les uns aux autres,
et d'en composer une suite qui pût former un

petit corps d'histoire propre à satisfaire la curiosité dans les circonstances où nous nous
trouverons le mois prochain.

L'histoire nous donne plus de lumières sur
les Assemblées du Champ de Mai tenues par
Pepin, Charlemagne et leurs successeurs ; nous
savons par qui et comment elles étaient convoquées, ce qui s'y passait, les affaires importantes dont elles s'occupaient, les décisions
qu'elles prenaient. Les capitulaires de Charlemagne sont à cet égard un monument bien
précieux et de la sagesse de ce grand homme
et de l'autorité des Assemblées qu'il se plai-
sait à convoquer.

Nous aurions pu donner plus d'étendue à ces
recherches si nous avions voulu entrer dans le
détail des faits relatifs à la tenue des Assemblées du Champ de Mai ; c'est-à-dire en ex-
poser les causes, les décisions et les résultats ;
mais cela nous aurait mené trop loin, et pour
vouloir tout dire nous aurions composé un
traité qui aurait effrayé le plus grand nombre
des lecteurs. Nous pensons que l'exposé chronologique auquel nous nous sommes bornés
pourra satisfaire leur curiosité, et leur donner
une idée de l'importance et des droits d'une
Assemblée du Champ de Mai.

RECHERCHES HISTORIQUES

SUR LES

ASSEMBLÉES NATIONALES

DITES

DU CHAMP DE MARS

ET

DU CHAMP DE MAI.

---

§ Ier.

Réflexions préliminaires.

C'est une idée aussi grande que singulière que celle qui a donné lieu à la convocation d'une *Assemblée du Champ de Mai* au commencement du dix-neuvième siècle. Depuis plus de huit cents ans qu'elles ont cessé, nous n'avons eu que quelques États-Généraux, et nous avons fini par une Chambre des Pairs et une Chambre des Députés des départemens.

Lorsque les Parlemens , en 1788 , demandè-
rent les États , on se reporta à ceux de Blois,
et à ceux de Paris tenus en 1614 , comme vers
les modèles qu'on devait suivre ; mais il ne vint
point à l'idée des ministres du roi de renou-
veler ces anciennes Assemblées générales de
la Nation dans les décisions ou capitulaires
desquelles on devait trouver les élémens d'une
constitution libre , parce que ces décisions
sont presque toutes antérieures à l'établissement de la féodalité. Il est vrai que les changemens arrivés dans les mœurs de la Nation
obligèrent ces mêmes ministres à convoquer
les Etats-Généraux avec des modifications inu-
sitées ; mais ces modifications , en détruisant
l'essence de l'institution , ne la rappelèrent
point à son antique origine. La Convention, qui
succéda à l'Assemblée législative, comme celle-
ci avait remplacé l'Assemblée constituante ,
aurait pu offrir une image de nos premières assemblées si elle avait eu un chef, si de grands
officiers y avaient assisté , si les guerriers , dé-
fenseurs de l'État, en avaient été membres , et
sur-tout si elle ne s'était pas laissé influencer
par d'autres Assemblées qui se tenaient hors
de son sein. La Convention est une Assemblée
unique qui n'a point eu de modèle, pas même
dans le *Covenant* d'Écosse , et qui vraisembla-
ment ne sera jamais renouvelée.

Mais quelle conformité autre que celle du

nom une Assemblée du Champ de Mai au dix-neuvième siècle peut-elle avoir avec celles qui se tinrent sous les rois de la première et de la seconde race? Par quels anneaux est-il possible de rattacher la civilisation française à la barbarie des Francs et des Gaulois ? Quelle Constitution, quelles lois un peuple qui a joué depuis vingt-cinq ans avec cinq ou six Constitutions et avec des milliers de lois, pourra-t-il mettre en regard avec ces capitulaires, où l'on admire encore la sagesse de nos anciens législateurs ? N'aurons-nous qu'une Assemblée du Champ de Mai, ou en aurons-nous une toús les ans ? Si nous n'en avons qu'une, celle-ci sera-t-elle une Assemblée du Champ de Mai ?

Lorsque les Assemblées du Champ de Mai avaient lieu, la France n'avait aucun voisin assez puissant pour l'inquiéter ; aucune puissance n'était jalouse de sa liberté; ni la Grande-Bretagne, ni l'Autriche, ni l'Italie, encore moins la Prusse et la Russie n'étaient là pour prendre connaissance de ce qui se passait dans son sein : aujourd'hui c'est toute autre chose ; dès l'année 1789 et suivantes, les puissances de l'Europe n'ont cessé de porter sur la France en révolution des regards jaloux qui ont nécessairement influé sur les décisions de nos différentes Assemblées Nationales, comme les lois et autres mesures de ces Assemblées ont dû causer de grands changemens dans le système de la politique de ces puissances. On pourrait établir ces deux questions : comment nos lois nouvelles ont - elles influé sur les Gouvernemens de l'Europe ? Quelle influence la politique étrangère a-t-elle eue sur notre législation ?

Une Assemblée du Champ de Mai , composée d'hommes éclairés et qui ont traversé toutes les vicissitudes, toutes les ondulations , tous les orages d'une longue révolution, d'hommes pénétrés d'un profond sentiment de la véritable liberté , et dont les intérêts sont liés à la cause des peuples ; une assemblée formée en partie de ces guerriers qui ont étonné l'Europe par le nombre et la grandeur de leurs exploits , et qui la plupart ne savent pas moins penser que se battre , une telle assemblée , présidée par un chef qui réunit à la gloire des succès militaires la profondeur du génie et une vaste étendue de connaissances , ne peut avoir que l'influence la plus décisive sur les destinées de la France et de l'Europe. C'est une nouvelle et grande époque qu'elle doit ouvrir. Tous les biens , si elle est sage et courageuse , doivent s'élancer de son sein sur l'espèce humaine : Dieu veuille qu'il n'en sorte qu'une paix profonde et durable , une sage liberté , et l'union la plus sincère des Français entre eux et avec les Nations européennes !

§ II.

Coup-d'œil sur les Assemblées chez les anciens peuples. Assemblées gauloises.

Il est bien remarquable que presque tous les peuples libres de l'antiquité, et même quelques-uns de ceux qui dépendaient de la puissance royale, aient eu la coutume de s'assembler pour délibérer de leurs affaires hors de l'enceinte des édifices, et en plein air, soit aux portes des villes, soit dans les bois, soit dans les places publiques. Chez les Égyptiens la nation s'assemblait après la mort des rois pour les juger. Alors elle exerçait une autorité d'autant plus redoutable, qu'elle en avait été privée plus long-temps. Chez les Hébreux le conseil de la nation se tint d'abord au milieu du camp, et les tribunaux siégeaient aux portes des villes. Les Athéniens, qui composaient dix tribus, s'assemblaient dans la place publique, et l'Aréopage, ce fameux tribunal, tenait ses séances sur une colline et en plein air. C'était en plein air aussi que Démosthène lançait contre Philippe les foudres de son éloquence.

A Rome, dès les premiers temps, le sénat s'assemblait dans un temple, c'est-à-dire dans une enceinte sans toit, à l'extrémité de laquelle s'élevait un autel, entouré d'un bois sacré; et les assemblées du peuple, partagé en curies et centuries, eurent lieu soit dans le Champ de Mars, situé au-delà du Tibre, soit dans le *Forum* ou place publique. Dans le Champ de Mars on tenait les Comices pour la nomination des consuls et autres grands magistrats de la république. Dans le *Forum* on délibérait sur les affaires publiques et particulières, et la tribune aux harangues était occupée tantôt par les consuls, tantôt par les tribuns du peuple.

Les barbares eux-mêmes ne délibéraient pas autrement. Les nations de la Germanie et celles de la Gaule s'assemblaient dans les bois, comme aujourd'hui encore les sauvages de l'Amérique, tant ils étaient jaloux de leur liberté. Comme les uns et les autres étaient tous soldats, ils délibéraient les armes à la main. Dans leurs assemblées les Germains nommaient leurs princes, leurs généraux, punissaient les traîtres et les transfuges, les lâches et les poltrons; décernaient des récompenses à ceux qui avaient bien fait leur devoir, et choisissaient des magistrats pour rendre la justice dans les bourgs et villages; car ils n'avaient point de villes. Le roi ou chef de la nation portait la parole à ces assemblées. Si son sentiment leur était agréable elles l'approuvaient en agitant les armes. Selon Ovide les Sarmates et les Gètes avaient aussi la coutume de s'assembler pour délibérer sur leurs affaires.

Lorsque les Francs firent la conquête de la Gaule ils y trouvèrent la plupart des usages de leur pays; mais celui des assemblées de la nation n'existait plus. Avant la conquête de Jules César toute la Gaule était composée de peuples libres, ou de républiques qui avaient leurs assemblées particulières et leurs assemblées générales.

Dans les assemblées particulières on traitait des intérêts particuliers de telle ou telle cité ; telle était celle des Eduens.

Il y avait deux sortes d'assemblées générales, l'une solennelle qui se tenait tous les ans ; elle était présidée par les Druides, prêtres de la nation, et se tenait dans un bois sacré du pays Chartrain : son objet était de terminer les querelles des peuples et des particuliers. Elle ressemblait à celle des Amphyctions, formée à Delphes des députés des peuples de la Grèce. L'autre n'était convoquée que dans des circonstances extraordinaires, comme dans celle d'une guerre à soutenir, ou pour tout autre motif d'une grande importance pour toute la nation. Elle se tenait pendant la nuit et dans des lieux sauvages et écartés, pour n'être point distraite dans ses délibérations. On y gardait le plus profond silence, et tous les assistans y juraient d'observer sur les décisions le secret le plus inviolable.

Tous les membres des assemblées générales étaient armés. Les harangues de ceux qui y parlaient étaient approuvées par le cliquetis des armes, et les sermens s'y faisaient sur les armes. Celui qui s'y rendait le dernier était cruellement tourmenté, et ensuite mis à mort en présence de la multitude, parce qu'on regardait comme un crime l'indifférence pour les affaires publiques.

Trois ordres composaient les assemblées gauloises ou Comices gaulois, celui des Druides, celui des Chevaliers, et celui des Plébéiens. Les druides et les chevaliers, *equites*, étaient les plus considérés. Les plébéiens, presque tous réduits à une condition servile, ne donnaient point leur suffrage; ils accompagnaient seulement aux assemblées les nobles, sous la protection et la clientelle desquels ils vivaient.

L'assemblée générale, dont il est question dans le cinquième livre des Commentaires de César, prouve que la Grande-Bretagne se gouvernait comme la Gaule. Ce n'est pas sans intérêt qu'on lit dans le même ouvrage le détail des forces que les Belges résolurent dans leur assemblée générale d'opposer à celles que César conduisait contre eux.

§ III.

Assemblée du Champ de Mars sous les premiers rois français. Assemblée du Champ de Mai sous Pepin et Charlemagne.

Lorsque les Francs, vainqueurs des Romains,

se furent établis dans la Gaule, à laquelle ils donnèrent leur nom, leurs assemblées remplacèrent celles des Gaulois, qui avaient cessé depuis long-temps, soit par l'introduction des lois romaines, soit par l'établissement du christianisme dans les Gaules. Chaque année cette nation guerrière et jalouse à l'excès de sa liberté, comme tous les peuples germaniques, du milieu desquels elle sortait, s'assemblait en rase campagne le premier de mars. De là vient que ces assemblées sont appelées par les historiens *Assemblées du Champ de Mars*, quoique Flodoard ait écrit que ce nom vient du dieu de la guerre, que les païens adoraient.

Sous les rois de la première race et avant Clovis les Francs obéissaient à plusieurs chefs ou princes ; alors il y avait peut - être autant d'assemblées générales et annuelles qu'il y avait de chefs. Lorsque Clovis eut réuni toutes leurs tribus sous son gouvernement, et qu'il les eut établies solidement dans les Gaules, où elles se trouvèrent dispersées, il ne fut plus possible de les assembler chaque année, et de délibérer des affaires importantes dans un conseil immense, et nécessairement tumultueux. L'ancien Champ de Mars fut donc aboli sous les successeurs de ce Prince ; mais s'il ne fut pas annuel, tout homme libre, qui vivait sous la loi salique ou sous la loi ripuaire, avait le privilége de s'y rendre, et y occupait une place.

Ce fut par la politique des maires du Palais, sous les derniers successeurs de Clovis, que ces assemblées ne reçurent dans leur sein qu'un petit nombre de plébéiens. Pour conserver leur autorité usurpée ils n'avaient garde de mettre un trop grand nombre d'hommes dans la confidence de leur administration; ils trouvaient bien plus aisé de gagner des évêques, des abbés et d'ambitieux grands seigneurs : de démocratique qu'elle était, l'Assemblée du Champ de Mars devint donc aristocratique. Il était réservé à Charlemagne, fils de Pepin, de rétablir la nation dans ses droits, dont Charles Martel l'avait privée, pour gouverner selon tous les principes du pouvoir arbitraire. En effet, s'il n'est souvent question dans l'histoire de son règne que d'assemblées composées d'évêques et de seigneurs, plusieurs historiens et publicistes pensent que le *tiers-état* y fut souvent admis, quoiqu'on ne doive entendre par ce mot que des citoyens notables, choisis dans les comtés, et des avoués des églises, autres plébéiens qui les accompagnaient; ce qui fait penser que dans ces temps éloignés la composition des Assemblées Nationales dépendait souvent de la volonté du prince, et surtout de l'endroit où il les convoquait, et de la nature des affaires qui devaient y être traitées.

Deux grands changemens furent apportés par Pepin aux Assemblées Nationales : le premier consiste dans leur tenue, qui, d'abord ayant eu lieu au 1er. de mars , fut transférée au 1er. de mai. On croit que ceci arriva en 756, vers la cinquième année de son règne. Ce fut dans cette assemblée que Tassillon , fils du duc de Bavière et son neveu, vint lui rendre hommage, accompagné d'un grand nombre de seigneurs de son pays. Le second changement consiste dans le nombre des assemblées annuelles ; car, outre l'Assemblée du Champ de Mai , il y en eut une autre au mois d'octobre , dont les décisions moins importantes , étaient revues dans la première de l'année suivante ; ce qui donne à penser que celle-ci était plus nombreuse, et que les plébéiens y étaient admis. On donne pour raison de la translation de l'assemblée du mois de mars au mois de mai , l'introduction de la cavalerie dans l'armée française , et par conséquent la facilité de trouver des fourrages dans une saison où ils sont plus abondans.

§ IV.

Composition des Assemblées du Champ de Mars. Trait de l'histoire de Clovis. Ce qui se passait dans ces Assemblées.

Au commencement de la première race les Assemblées du Champ de Mars n'étaient, à proprement parler , que de grands conseils de guerre , de grandes revues de l'armée des Francs. En 486 Clovis tint à Soissons une assemblée générale de toutes ses troupes pour y faire le partage du butin qui provenait du pillage des églises : entre autres effets précieux il s'y trouva un superbe vase d'or qui avait été enlevé à l'église de Reims , et que Boniface, évêque de cette ville , lui avait fait redemander. Comme il venait de se le faire adjuger pour le rendre aux envoyés de ce prélat , un soldat frappa le vase de sa francisque , qui était une hache à deux tranchans , en lui disant : *tu n'auras que ce que le sort t'aura donné.* Clovis dissimula , et remit sa vengeance à un autre temps. L'année suivante il ordonna à son armée de se rendre dans le Champ de Mars , sous prétexte qu'il voulait faire l'inspection des armes des soldats. En passant devant les rangs des troupes il aperçut le soldat qui , l'année précédente , avait frappé le vase. *Personne,* lui dit-il , *n'a apporté des armes aussi mal propres que les tiennes.* Après avoir ainsi parlé il saisit la francisque du soldat , et la jeta par terre. Comme celui-ci se baissait pour la relever , Clovis , levant le bras , lui fendit la tête avec la sienne , en disant : *c'est ainsi que tu as fait au vase de Soissons.*

Sous Clovis , devenu chrétien , et sous ses successeurs , les troupes ne furent pas les seules qui composèrent l'Assemblée du Champ de .

Mars ; les Francs du tiers-état s'y trouvèrent aussi ; les évêques et les abbés y furent mandés. Parmi ces derniers il y en avait de si puissans qu'ils pouvaient mettre une petite armée sur pied. Les ducs et les comtes y étaient tous appelés. Les ducs étaient gouverneurs des provinces , et les comtes gouverneurs des villes. Ces deux dignités avaient été instituées par les empereurs de Constantinople. Le roi y était accompagné des grands officiers de la couronne , du maire du palais, de l'apocrisiaire ou aumônier, du chambellan , du connétable, du grand échanson et du référendaire ou chancelier.

Le trône était placé sur une estrade ou éminence, de manière que le monarque pût être aperçu de toute l'assemblée. Le nouveau roi allait s'y asseoir, comme pour en prendre possession, revêtu de l'habit royal, portant un sceptre à la main, et la couronne en tête. Le trône n'avait ni bras ni dossier, pour apprendre au monarque qu'il devait se soutenir lui-même et ne s'appuyer sur personne. L'habit royal était un manteau carré, tout blanc ordinairement, quelquefois mi-parti de bleu, long par devant jusqu'aux pieds , traînant beaucoup par derrière , et descendant sur les côtés , à peu près jusqu'à la ceinture. Le sceptre était une verge d'or, presque toujours de la hauteur du prince, et courbée comme une crosse. Assez souvent , au lieu de sceptre, il portait une palme à la main. La couronne, ou plutôt le diadème, était un cercle d'or enrichi de deux rangs de pierreries.

Sous les derniers rois de la première race toute l'autorité souveraine était exercée par les grands officiers, appelés maires du palais. Le personnage qui portait le titre de roi se faisait traîner une fois par an à l'Assemblée du Champ de Mars sur un charriot attelé de quatre bœufs. Là, assis sur un trône élevé, ce monarque de parade n'était occupé qu'à recevoir les présens qu'on lui offrait. Le maire du palais annonçait ensuite à l'assemblée ce qu'il y avait à faire dans l'année, ou proposait les affaires dont elle avait à s'occuper. La séance terminée, le fantôme royal retournait à son palais, plus occupé des présens qu'il avait reçus que des résolutions qui avaient été prises par l'assemblée. Les plaisirs, l'insouciance et quelquefois la débauche remplissaient pour lui l'intervalle qui s'écoulait jusqu'à l'assemblée de l'année suivante. Telle était, par exemple, la conduite de Childéric III lorsqu'une assemblée, tenue à Soissons en 752, le dégrada et le relégua dans un couvent, pour élever sur le pavois un prince plus digne que lui de régner sur les Français; Pepin, fils de Charles Martel et père de Charlemagne. Soixante-treize ans auparavant un autre Childéric, prince débauché, avait été déposé dans une Assemblée du Champ de Mars, et chassé du royaume.

§ V.

Attributions des Assemblées du Champ de Mars ou du Champ de Mai.

Les Assemblées du Champ de Mars ou du Champ de Mai se tenaient pour régler les affaires générales de l'état, tant celles du dehors que celles du dedans. De tous les usages celui qui contribua le plus à maintenir la liberté publique, et à faire respecter la France par les puissances étrangères de ces temps-là, fut la tenue de ces diettes nationales, et rien ne porta si haut la gloire et la puissance de Pepin et de Charlemagne que le soin qu'ils eurent de les convoquer tous les ans, quoique le premier leur eût ôté leur ancien nom pour leur donner celui de Parlemens, et eût retenu dans son gouvernement une partie des formes despotiques de celui de son père ; Charles Martel.

Dans les commencemens de la monarchie, et sous plusieurs rois de la seconde race, rien ne s'exécutait d'important sans la participation et le consentement des assemblées dont nous parlons ; c'était dans leur sein que se décidaient les procès des grands seigneurs, qu'on jugeait ceux d'entre ces derniers qui avaient mal fait leur devoir. Les princes souverains, les rois mêmes y étaient condamnés et punis. Tassillon, duc de Bavière , et Bernard, roi d'Italie, y furent condamnés à mort , l'un en 788 et l'autre en 818 ; il est vrai que leur peine fut commuée , mais il n'est pas moins avéré que leur caractère ne les avait pas sauvés d'un jugement capital , et que les Assemblées du Champ de Mai avaient une autorité bien supérieure à celle des princes et des rois.

Les Assemblées du Champ de Mars et du Champ de Mai délibéraient encore sur la guerre et sur la paix et généralement sur tout ce qui concernait les intérêts de la nation; recevaient les ambassadeurs , les hommages et les tributs des princes étrangers ; faisaient le procès aux criminels de lèse majesté , confirmaient les volontés du roi , et quelquefois les contrôlaient. On y donnait des tuteurs aux enfans du monarque quand avant de mourir il n'en avait point nommé ; on y faisait aussi le partage de sa succession, c'est-à-dire de ses trésors et de ses états , s'il n'y avait pas pourvu. C'était encore là qu'on fixait le jour et le lieu pour proclamer le nouveau roi. Son inauguration consistait , dans les premiers temps , à le porter sur un pavois ou bouclier trois fois autour de l'assemblée, et à lui mettre à la main l'épée , la lance , ou la hache de son prédécesseur. Les prélats , abbés, ducs et comtes lui faisaient des présens annuels en argent, en meubles, en chevaux. Le roi , ou son maire du palais, proposait à l'assemblée les matières sur lesquelles elle devait prononcer ; l'assemblée opinait, et tout se décidait, à la pluralité des voix , sans trouble et sans tumulte.

§ VI.

Rétablissement des Assemblées nationales sous Charlemagne.

Lorsque Charlemagne monta sur le trône il rendit aux Assemblées nationales toute l'autorité qui leur appartenait. Il s'efforça même de les rendre plus augustes et plus pompeuses qu'elles n'avaient jamais été, soit par le nombre des troupes qui en faisaient la sûreté, soit par celui des princes et des grands qui venaient s'y confondre dans le gros de la nation, soit par l'admirable harmonie qui régnait constamment entre ses volontés et ses sentimens et ceux du peuple. C'était un magnifique spectacle qu'il donnait chaque année non seulement aux nations européennes soumises par ses armes , mais encore aux nations les plus éloignées, par les fréquentes ambassades qu'il en recevait.

Pour rétablir la nation française dans ses premiers droits ce grand prince considéra, premièrement, que les Français étaient originairement un peuple franc , ce qui veut dire un peuple libre, autant par son caractère que par son droit primitif de choisir ses princes , et de concourir avec eux dans l'administration de la monarchie ; secondement , il observa que son père , qui devait à la nation son élévation au trône , n'ayant pu se dispenser de la rétablir dans son droit de s'assembler tous les ans, avait fini par lui déplaire en ôtant aux Assemblées la décision des grandes affaires , pour ne leur laisser que des réglemens de police à rédiger. Ainsi, ayant à prendre son parti entre le despotisme de Charles Martel et l'artificieuse politique de Pepin dans le rétablissement des Assemblées nationales , il prit avec toute la sincérité dont il était capable celui de les faire revivre avec les droits, usages et prérogatives de leur première institution.

On voit pendant et depuis le règne de ce monarque que les Assemblées du Champ de Mai ont jugé souverainement de toutes les causes majeures , sans distinction de rangs et de personnes , suivant le principe fondamental que tous les Français , étant égaux , étaient justiciables de leurs pairs ; qu'elles ont réglé et déterminé le Gouvernement intérieur de la monarchie , soit à l'égard de la répartition des impôts , soit relativement à la distribution des emplois civils et militaires ; qu'elles délibéraient sur tout ce qui concernait les guerres et la discipline des armées ; que le droit de faire la paix et d'en régler les conditions leur était dévolu ; qu'elles pouvaient juger de tous les différends survenus entre les seigneurs laïcs et les seigneurs ecclésiastiques ; enfin , qu'elles étaient le tribunal public où les opprimés pouvaient demander justice contre leurs oppresseurs.

Charlemagne ne rendit point ces droits aux Assemblées de la nation *comme une gratification émanée de sa pure générosité ,* mais comme des droits légitimes et incontestables dont elles avaient été dépouillées , en tout ou en partie , par ses prédécesseurs.

§ VII.

Composition des Assemblées du Champ de Mai sous Charlemagne. Attributions de celles d'Octobre. Manière dont ces Assemblées délibéraient.

Avant de passer au tableau chronologique et analytique des Assemblées tenues par Pepin et Charlemagne , il est bon de dire un mot de leur composition , et des attributions de celles du mois d'Octobre.

Nous avons dit que depuis Pepin la coutume s'introduisit de tenir deux grands Parlemens chaque année , l'un au printemps et l'autre au mois d'Octobre. Le premier était composé de tous les grands , soit ecclésiastiques , soit laïcs. Les anciens , honorés du nom de seigneurs , formaient les réglemens auxquels les jeunes gens concouraient par leurs avis, ou qu'ils confirmaient par leur obéissance. Le second ne se tenait que pour recevoir les tributs des provinces, et n'était composé que de seigneurs et de quelques conseillers d'état. On commençait aussi à y prévoir et préparer les délibérations qui devaient être l'objet de la première qui devait se tenir l'année suivante; et si dans l'intervalle qui s'écoulait entre le mois de Mai et celui d'Octobre il était survenu quelques affaires qui exigeassent une décision urgente et provisoire, on les y réglait, en attendant qu'elles fussent définitivement décidées par le grand Parlement du Champ de Mai. Dans les deux Assemblées toutes les résolutions étaient mûries et formées avec beaucoup de prudence et de sagesse.

Comme celles de la première race les Assemblées du Champ de Mai, ou grands Parlemens, se tenaient toujours en rase campagne, quand le temps le permettait; mais lorsque la saison n'était pas favorable il y avait des endroits destinés pour l'Assemblée des deux premiers ordres; savoir, des prélats, des seigneurs et d'autres pour contenir les représentans du peuple. Le clergé avait sa chambre à part, où les laïcs ne pouvaient point entrer. Les seigneurs et les principaux de la nation, qui formaient le second ordre, avaient aussi leur chambre dont l'accès était défendu à la multitude. Ces deux chambres se réunissaient pour se communiquer leurs délibérations. Ensuite elles se séparaient pour les continuer. Quant au peuple, il ne prenait aucune part aux décisions; il n'y assistait que pour les autoriser par ses acclamations, et par la promesse d'y obéir. On ne comptait point alors de tiers-état, parce que le peuple, presque tout composé des descendans des anciens Gaulois, était serf en grande partie, et réduit au simple travail des mains et à la culture des terres. Le temps n'était pas venu où il devait être *tout*, et les deux autres ordres *rien*.

§ VIII.

Notices des principales assemblées du Champ de Mai, tenues sous Pepin, Charlemagne et quelques-uns de leurs successeurs.

Nos recherches seraient incomplettes si nous ne donnions une notice des principales Assemblées du Champ de Mai, tenues sous Pepin, Charlemagne et sous quelques-uns de leurs successeurs, quoique les Assemblées générales de la nation ne se soient plus tenues sous ceux-ci avec la même autorité, ni avec le même fruit.

En 756, comme nous l'avons dit plus haut, Pepin transféra l'Assemblée générale du premier de Mars au premier Mai.

En 757 il tint une autre Assemblée à Compiègne, où le jeune Tassillon, duc de Bavière et son neveu, parut pour lui faire hommage de son duché. La diète était sur le point de se séparer lorsqu'on y vit arriver des ambassadeurs de Constantin Copronyme, empereur de Constantinople. Ils offrirent à Pepin de magnifiques présens, entre autres un orgue, le premier qui ait paru en France.

En 761 Pepin convoqua tous les grands seigneurs du royaume au Champ de Mai, *in Campo Madio*. L'Assemblée se tint à Dura, au pays des Ripuaires, peuples qui habitaient entre la Meuse et le Rhin. On y traita des affaires du royaume, et l'on y fit des réglemens pour l'utilité publique.

« En 766, dit l'un des continuateurs de la
« Chronique de Frédégaire, Pepin assembla
« l'armée des Francs, ou pour mieux dire
« l'armée des nations soumises à son empire,
« et il s'avança jusqu'à Orléans ; là il tint son
« conseil de guerre, en forme de Champ de
« Mai, car il est le premier qui ait remis au
« mois de mai l'Assemblée qui devait se tenir
« au mois de mars. Tous les Francs et tous les
« grands de l'état lui firent des présens consi-
« dérables. »

En 768 Pepin tint son dernier Parlement à Bourges, d'où il partit pour se rendre à Saintes. Ce fut dans ce voyage qu'après la défaite de

Gaiffre, duc d'Aquitaine, qui fut tué par ses propres soldats, il réunit cette province à la monarchie française, à l'exception de la Gascogne.

En 770 Charlemagne, qui avait succédé en
768 à son père Pepin, avec Carloman, son
frère, tint sa première Assemblée dans la ville
de Worms. On y traita de l'union entre les
deux rois et du mariage de Charlemagne avec
la fille du roi des Lombards.

En 771 un Parlement fut assemblé à Valen-
ciennes.

En 772 tout le royaume étant réuni sous la
domination de Charlemagne par la mort de
Carloman, une Assemblée eut lieu à Worms.
On y résolut la guerre de Saxe.

En 773 le grand Parlement tenu à Genève
approuva la guerre contre les Lombards.

En 775 Charles tint l'Assemblée de Mai à
Duren, ou Dura, auprès de Juliers, d'où il
passa en Saxe pour châtier les révoltés de ce
pays.

En 777 ce prince, s'étant emparé de Paderborn en Westphalie, y tint l'Assemblée générale qu'il avait résolu de convoquer au mois
de mai de l'année suivante. Tous les seigneurs
saxons y furent mandés : la plupart s'y rendi-
rent ; plusieurs y reçurent le baptême ; tous
y jurèrent à Charles une fidélité inviolable.
Le seul Vitikind, cet inflexible défenseur de la
liberté de son pays, refusa de s'y trouver. C'é-

tait le plus grand capitaine de son siècle et l'ennemi le plus irréconciliable des Français. Ce fut dans cette même assemblée qu'on vit un prince arabe implorer le secours des Français contre l'oppression du chef des Sarrasins en Espagne, lequel s'était soustrait à l'obéissance du Calife de Babylone.

Le Parlement de 789 fut tenu à Duren. Plusieurs princes d'Italie y vinrent rendre leurs hommages au roi de France.

En 780 une autre assemblée se tint près des sources de la Lippe. On y régla tout ce qui était relatif à la nouvelle guerre de Saxe.

En 782 le Parlement fut encore assemblé au même endroit pour le même objet.

En 784 Charles tint sur les bords de l'Elbe un grand conseil, où l'on indiqua le Parlement général à Paderborn pour l'année suivante. On pensait que la tenue de cette auguste assemblée dans le voisinage des peuples saxons les déterminerait à se soumettre enfin pour toujours au gouvernement du monarque français. On ne se trompa pas ; le fameux Vitikind, leur roi , et un grand nombre des principaux seigneurs y embrassèrent la religion chrétienne.

En 786 les Bretons vinrent rendre hommage au roi dans l'assemblée qui se tint à Worms.

En 787 Charles , à son retour de Rome, assembla un Parlement à Worms. Ce fut là que ce prince, qui n'avait aucun secret pour la Nation qu'il jugeait digne de toute sa confiance , lui rendit compte de la conduite qu'il avait tenue en Italie tant à l'égard des princes de ce pays qu'envers Tassillon , roi de Bavière. Comme il suspectait la conduite de ce dernier, il proposa à l'assemblée de lui demander un nouveau serment de fidélité ; ce qui eut lieu. Tassillon ayant refusé de faire ce qu'on exigeait de lui , Charles entra dans ses États, et l'obligea de lui livrer plusieurs otages considérables , entre autres son fils unique.

En 788 Charles convoqua à Ingelheim , près de Mayence une Assemblée du Champ de Mai, où il manda tous les seigneurs de France , de Lombardie , de Saxe et de Bavière. Tassillon , qui méditait une nouvelle révolte , s'y rendit sans aucune défiance. Dès qu'il parut il fut arrêté : accusé par ses propres sujets d'avoir violé ses sermens , il en convint lui - même, mais en rejetant sa faute sur les conseils de sa femme, qui était fille du roi des Lombards. Son procès fut bientôt instruit. Lorsque l'assemblée eut reçu les dépositions des témoins et l'aveu du coupable , elle le jugea à l'unanimité digne de mort. Charlemagne commua sa peine en une prison perpétuelle dans le monastère de Saint-Goar sur le Rhin , d'où il fut transféré à celui de Lauresheim. Son fils partagea sa punition , et le duché de Bavière fut réuni à la couronne.

En 789 le Parlement se tint à Aix - la - Chapelle. On y résolut la guerre contre les Sora-
bes et les Abodrites.

En 790 l'assemblée qui se tint à Worms fut
très solennelle. Elle s'occupa des réglemens
devenus nécessaires à la vaste monarchie qu'a-
vait élevée Charlemagne. On en trouve les délibérations dans ses capitulaires. La guerre y
fut déclarée aux Huns et aux Avares ou Abares,
peuples qui occupaient la Hongrie.

En 791 le Parlement s'assembla à Ratisbonne
pour être plus à portée de délibérer sur les mesures de la guerre entreprise contre ces peuples.

En 792 même assemblée dans le même endroit et pour le même objet. Elle prit néan-
moins quelques résolutions étrangères à la
guerre qui se faisait. Il s'y agit, 1°. de la condamnation de Félix , évêque d'Urgel, qui y
rétracta les erreurs dont il était accusé ; 2°.
de la punition de Pepin - le - Bossu , aîné
des enfans naturels de Charlemagne, con-
vaincu de conspiration contre la vie de son
père : il fut condamné à mort avec ses complices ; la peine de ceux-ci fut commuée en un
bannissement perpétuel , et Pepin fut renfer-
mé dans un monastère pour le reste de ses
jours.

En 793 l'assemblée fut encore convoquée à
Ratisbonne. On y délibéra sur la construction

d'un pont sur le Danube , et d'un canal de communication entre ce fleuve , le Mein et le Rhin.

En 794 un concile tenu à Francfort y tint lieu d'un Parlement.

En 795 l'assemblée fut indiquée à Cusestein, faubourg de Mayence, sur la rive droite du Rhin. On y délibéra sur la guerre contre les Saxons qui venaient de se soulever.

En 796 et 797 les assemblées furent convoquées à Aix-la-Chapelle. Charlemagne y partagea aux seigneurs français le riche butin qu'il avait fait pendant la guerre contre les Huns. L'empereur grec y envoya des ambassadeurs ; on y reçut encore ceux des peuples voisins de l'empire français. Un prince maure, dépouillé des états qu'il avait en Espagne , s'y rendit aussi pour implorer les secours de la Nation. Louis, troisième fils de Charles et roi d'Aquitaine , fut chargé de cette expédition.

En 798 Charlemagne reçut dans une assemblée les ambassadeurs d'Alphonse roi de Castille, et ceux de l'impératrice Irène.

Comme il serait trop long d'entrer dans le détail des Parlemens qui furent tenus les années suivantes , et que d'ailleurs il ne fut question dans ces assemblées que de réglemens de police intérieure, qu'on trouve dans les capitulaires , nous passons à l'année 806 , au mois de Mai , de laquelle Charlemagne convoqua à Thionville une Assemblée générale pour y effectuer le partage de ses états entre ses enfans. Il y lut un testament qui fut approuvé par les seigneurs. Les trois princes Charles , Pepin et Louis , qui étaient présens, jurèrent de l'observer dans tous ses points. Le capitulaire qui fut dressé de ce partage est venu jusqu'à nous. On y voit que la principale autorité reposait sur le consentement de l'assemblée.

En 813 l'empereur, ayant perdu ses deux fils aînés , Charles et Pepin , convoqua une assemblée générale à Aix-la-Chapelle. Il ordonna à Louis, roi d'Aquitaine , le seul fils qui lui restait , de s'y rendre , parce qu'il avait formé le dessein de se l'associer à l'empire. Lorsque l'assemblée fut formée il la pria d'avoir pour ce fils le même attachement qu'elle avait eu pour sa personne , et de consentir à l'élévation à laquelle il l'avait destiné. On ne lui répondit que par des acclamations.

Charlemagne mourut en 814. Son fils Louis, que sa faiblesse fit surnommer le Débonnaire , lui succéda. Marchant sur les traces de son père , il assembla la première année de son règne, à Aix-la-Chapelle , un Parlement qui fut très nombreux. On y fit plusieurs réglemens , et l'on nomma des commisaires pour les aller faire observer dans les provinces de la monarchie.

En 815 Louis tint le Parlement d'octobre à Paderborn ; il y reçut les ambassadeurs des puissances voisines.

En 817 il tint à Aix-la-Chapelle une Assemblée du Champ de Mai ; il y fit agréer l'association de son fils aîné, Lothaire, à l'empire.

En 818 une grande assemblée fut convoquée à Aix-la-Chapelle ; elle s'occupa du procès de Bernard, roi d'Italie, et de celui de ses adhérens. Ce prince, fils de Pepin, petit-fils de Charlemagne, et l'aîné de la maison impériale, les plus illustres prélats du temps et les seigneurs les plus qualifiés furent jugés par l'assemblée, les uns à mort et les autres à être ou déposés ou dégradés ; exemple terrible du droit et de la puissance d'une Assemblée du Champ de Mai ! La peine de Bernard, qui avait été condamné à mort, fut commuée par Louis-le-Débonnaire en une autre non moins cruelle : on lui creva les yeux, et trois jours après il mourut.

Les assemblées tenues en 819 à Aix - la - Chapelle, en 820 dans le même endroit, et en 821 à Thionville, n'offrent de remarquable que l'établissement de quelques règles monastiques, le renouvellement des sermens relatifs aux partages faits entre les enfans de Louis, et la grace accordée aux complices de l'infortuné Bernard.

En 822 une Assemblée générale fut convoquée à Attigni par l'empereur Louis-le-Débonnaire. Là , en présence des prélats et des seigneurs , il s'accusa lui-même de la condamnation de Bernard , son neveu, parce qu'il aurait pu l'empêcher s'il l'avait voulu. Il y demanda aussi pardon aux princes , frères de ce roi , qui étaient présens , de les avoir relégués dans un couvent. Dans cette même assemblée il rendit au clergé , par un capitulaire authentique, la liberté des élections, conformément à l'ancienne discipline de l'église.

Les assemblées n'offrent rien de remarquable jusqu'en 829. Celle de cette année fut tenue à Worms. Il y fut question de remédier au mécontentement général des grands du royaume.

En 830 un Parlement , assemblé à Nimègue au mois d'octobre , termina les troubles qui s'étaient élevés dans le royaume en rétablissant l'aîné des six enfans de l'empereur dans la dignité impériale qu'il avait été forcé d'abdiquer.

En 832 Louis convoqua dans le Limousin une assemblée, où il fit arrêter Pepin , son fils , qui fut envoyé prisonnier à Trèves.

En 833 l'empereur , abandonné de ses troupes , se livra au roi d'Aquitaine , son fils , qui le conduisit à Compiègne , où une assemblée fut convoquée pour procéder à sa déposition.

En 834 on tint un Parlement à Attigni pour délibérer sur les moyens de réparer les désordres arrivés pendant la guerre du père et des enfans.

Trois Parlemens assemblés en 835 et 836 eurent le même objet.

En 838 une assemblée eut lieu à Worms. L'empereur y régla le partage de Charles, son dernier fils, du consentement de Lothaire, son aîné.

Pepin, roi d'Aquitaine, étant mort au commencement de l'année 839, une assemblée générale eut lieu à Châlons-sur-Saône. L'empereur y conféra le royaume à son fils Charles. Cette disposition fit naître une troisième guerre civile qui lui causa un chagrin dont il mourut en 840.

Après la mort de cet empereur la guerre se déclara de toute part entre ses fils. La sanglante bataille de Fontenai, qui en fut l'évènement le plus mémorable, donna lieu, en 843, à la convocation d'un grand Parlement à Aix - la - Chapelle, où les prélats, ayant pris le dessus, prononcèrent un jugement de déposition contre l'empereur Lothaire, et adjugèrent ses états, situés en-deçà des Alpes, à ses frères Louis et Charles, qui se les partagèrent sur-le-champ.

On compte quarante-six Parlemens sous le règne de Charles-le-Chauve. En 860 se tint à Compiègne une Assemblée du Champ de Mai, qui ordonna une imposition générale pour le paiement des sommes promises aux Normands. La taxe porta sur toutes les habitations du royaume, et même sur les meubles dont on fit l'estimation ; ce qui était une chose inusitée jusqu'alors.

En 864 autre assemblée générale à Delpites. Les constitutions qui y furent faites sont fort importantes pour la connaissance des usages de ce temps-là , sur-tout relativement à la monnaie.

En 869 Charles-le-Chauve fut couronné dans une assemblée tenue à Metz en Lorraine.

En 877 , une assemblée fut convoquée à Chiersy-sur-Oise. Charles-le-Chauve , qui avait été battu par Louis-le-Germanique , et avait pris la résolution de se rendre à Rome, y fit ordonner une nouvelle imposition pour son voyage , et prendre des mesures pour la sûreté du royaume. On fit divers réglemens pour la régence relativement à la succession à la couronne pour le cas de la mort du roi. Il y fut encore question d'une taxe pour acheter la retraite des Normands.

La même année Louis XI, dit le Bègue, après la mort de son père , tint à Compiègne une Assemblée générale pour se faire reconnaître roi. Ce fut Hincmar , archevêque de Reims , qui le détermina à mettre son droit à l'arbitrage d'un Parlement.

En 879, Louis-le-Bègue étant mort, un grand Parlement fut tenu à Meaux pour délibérer sur le choix de son successeur. Après une longue délibération on nomma enfin pour lui succéder ses deux fils , Louis et Carloman. Il ne paraît pas que ces deux princes, dont le règne fut très-court, aient fait d'autre usage des assemblées de la nation que pour y faire ordonner des taxes générales, dont le produit devait engager les Normands à se retirer.

En 885 Charles-le-Gros, successeur de ces deux princes, tint à Gondreville un grand Parlement, qui ne produisit aucun effet.

En 890 une assemblée déposa Charles-le-Gros pour avoir concédé aux Normands une partie de la Gaule. On croit qu'elle se tint à Compiègne. Elle éleva sur le trône, au préjudice de Charles-le-Simple, troisième fils de Louis-le-Bègue, Eudes, comte de Paris et d'Orléans, et duc de Bourgogne.

Fin des Assemblées du Champ de Mai ou Parlemens généraux. Révolutions dans le gouvernement jusqu'à Philippe-le-Bel.

Depuis ce temps toutes les parties du royaume étant désunies, on ne trouve plus de vestiges des véritables Assemblées nationales, quoique Mézerai prétende que ce fût une assemblée de ce genre qui déféra la couronne à Hugues Capet, à l'exclusion de la race de Charlemagne. En effet si la coutume d'assembler les grands Parlemens avait subsisté dans sa première vigueur, et s'ils avaient été aussi nombreux qu'ils devaient l'être par la constitution primitive du gouvernement , il n'aurait pas été possible de transférer la royauté à une famille qui n'y avait pas le moindre droit. Il est bien vrai qu'un Parlement s'assembla à Compiègne avant la mort de Louis V, dernier roi de la race Carlovingienne ; mais ce Parlement fut si peu nombreux , et si peu digne de considération , que Hugues Capet le dissipa avec la plus grande facilité.

Celui que ce prince assembla à Orléans peu après son couronnement, ayant pour objet d'être confirmé par les suffrages des Français dans la possession du sceptre qu'il venait d'usurper , fut accompagné de quelque éclat, et c'est le dernier qui ait eu quelque conformité avec les grandes Assemblées du Champ de Mai.

Depuis Hugues Capet jusqu'à Philippe-le-Bel les assemblées ne furent plus que des Parlemens, et ces Parlemens n'étaient que de grands conseils que le monarque convoquait réguliè- rement deux fois par an, tantôt dans un endroit, tantôt dans un autre, à Pâques et à la Toussaint, et plus souvent selon que le besoin des affaires l'exigeait. Mais si la nation avait perdu un droit précieux , il se faisait peu à peu une révolution qui devait le lui rendre en partie ; les grands fiefs étaient les uns après les autres réunis à la couronne, et l'affranchissement des villes qui s'opérait avec rapidité préparait celui des habitans des campagnes La liberté gagnait du terrein de jour en jour ; le clergé du second ordre et les juristes, dédaignés auparavant , se poussaient dans les conseils du monarque , et les administrations municipales s'organisaient peu à peu dans les villes dont les habitans avaient été délivrés de la servitude : enfin les Français redevenaient Francs.

Philippe-le-Bel parut. Sous son règne les représentans des communes furent admis aux délibérations publiques dans une grande assemblée qui fut tenue en 1302 dans l'église de Notre-Dame de Paris. Ce fut un grand pas que ce prince fit faire à la liberté nationale. Dans le Parlement qu'il rendit sédentaire à Paris on vit les laïcs, versés dans les lois du royaume, remplir avec succès des fonctions dont les ecclésiastiques et les nobles ne pouvaient s'occuper, les uns par ce qu'elles ne s'accordaient point avec leur profession ; les autres , parce qu'elles étaient au-dessus de leur portée. Ce fut cette composition du nouveau Parlement qui donna naissance quelque temps après aux Etats-Généraux, dont le tiers-état , formé des députés des bailliages , des villes , des universités , fut dès-lors une partie constituante. En 1355 , le roi Jean II convoqua des Etats-Généraux, où l'on voit, pour la première fois la dénomination des trois ordres.

Récapitulation de ce qui a été dit sur les Assemblées du Champ de Mars et du Champ de Mai.

Sous les rois de la première race les As-

semblées du Champ de Mars n'étaient composées que de Francs. Les Gaulois n'y étaient
point admis. C'étaient souvent de grands conseils de guerre.

Charles Martel supprima ces assemblées.

Pepin les rétablit, mais il n'y admit que les
prélats et les seigneurs. Il fut le premier qui les
transféra du mois de Mars au mois de Mai.

Charlemagne les convoqua régulièrement tous
les ans, et y admit les notables de ses états,
choisis dans les comtés et dans les villes.

Les enfans de ce prince marchèrent d'abord
sur ses traces ; mais le partage de leurs états fut
cause qu'ils ne tinrent presque plus que des Parlemens ambulatoires, ou grands conseils, compo-
sés des principaux prélats et seigneurs, pour dé-
cider les questions même les plus importantes.

Ces Parlemens furent souvent convoqués sous
le règne de Hugues Capet et de ses successeurs ;
le tiers-état n'y avait aucun accès.

Philippe-le-Bel l'admit aux assemblées poli-
tiques, et plusieurs de ses membres entrèrent
dans le Parlement dont la résidence fut fixée à
Paris. Enfin, le roi Jean le fit entrer dans les
Etats-Généraux.

DE L'IMPRIMERIE DE BRASSEUR AÎNÉ.

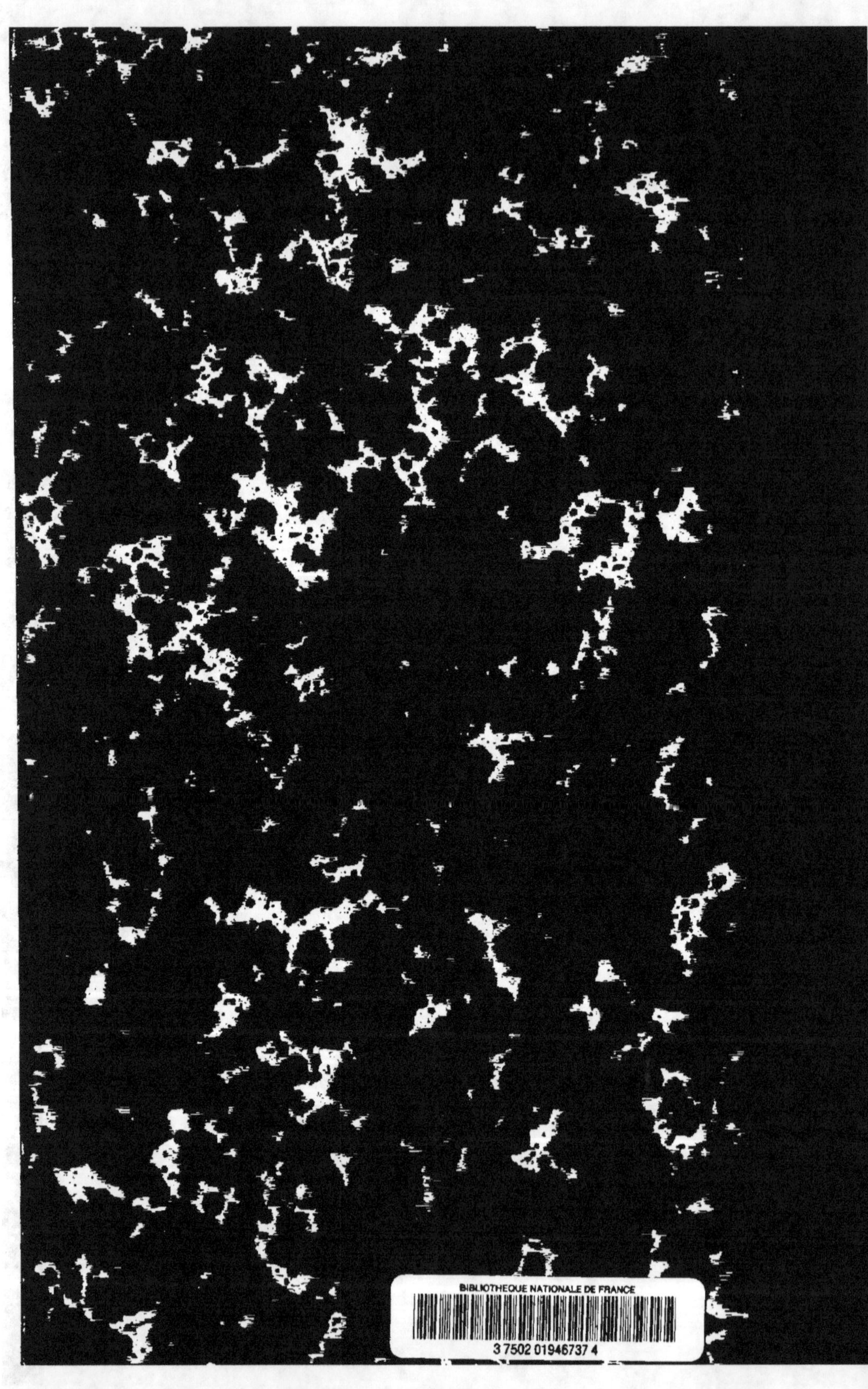